AF176454

Yven Augustin / Moritz Wulf Lange

Gedichte

2021

Bibliografische Information der Deutschen Nationalbibliothek:
Die Deutsche Nationalbibliothek verzeichnet diese Publikation in
der Deutschen Nationalbibliografie; detaillierte bibliografische
Daten sind im Internet über dnb.dnd.de abrufbar.

© 2021 Yven Augustin / Moritz Wulf Lange
Berlin, Hamburg 2021. Alle Rechte vorbehalten
Umschlagfoto: Yven Augustin
Herstellung und Verlag: BoD – Books on Demand, Norderstedt.

ISBN 978-3-754334-69-0

Gedichte 1995 - 2021

Inhaltsverzeichnis

Yven Augustin

Moritz Wulf Lange

Yven Augustin

Herbsttag

- über den Dächern von Paris -

Seelenvoll, kurz
stand
die Stadt in Flammen:

als die Sonne taumelnd sank,
und sie ihr gleißendes Licht über die Dächer
schmiss,
als vergebe sie den allerletzten Rest
Leben
in ihrem Untergehn.

Kein Mensch draußen.

Dem Innen verfallen
Grenzsteine steckend
Gesichtszüge prüfend
alleingelassen im
selbst gewählten
Niemandsland
ein stilles, dahin-
schreitendes Ticken
die Zeit
nimmt mit, was
fassungslos bleibt,
zieht nach,
was liegengeblieben ist
zeitverwandelt ins
Noch-Nicht-Da.

Mit einem Schlag raubt es
dir den Atem und
du starrst auf dieses Wunder:
einfach ‚leben‘.

Nichts scheint einfacher, als
das zu sein – du weißt es,
geh' hin,
wahrhaftig,
aufrecht, aber
geh' hin:
komm schon!

La Buvette

Wie schwül die Tage sind!
Nachts erzählt mein Schweiß
ihre Geschichten.

Wir sitzen in den Bars,
als gelte es, auf ein Wunder zu warten.
Zwischen zuckersüßer Glückseligkeit und Müßiggang
begrüßen wir die Freunde
bei Saxofonmusik.

Die Stadt kurbelt ihre Fenster runter
nach kurzen Gewittern
und saugt begierig die
benetzte Luft.

Seit Tagen ein Wunder

Die Tage vergehen wie im Flug.

Wir atmen die
leichte Luft.

Keiner greift
nach,
es greift sich alles
von selbst.

Unser Pulsschlag
im Tageslauf,
die Stunde,
augenblickshell,
pulst nach.

Noch ist die Stunde hell.
Jedoch schon morgen wird sie
von einem grauen Schleier durchzogen sein.

Da,
wo wir noch nicht sind,
beginnt etwas Neues

und schickt uns
durch die Finsternis
zur nächsten hellen Stunde.

Der Sommer ist vergangen.

Was bleibt,
ist der Wimpernschlag
zweier Augenpaare

und ein Blick
in unerreichbare Tiefen
hin zu einer Mitte,
die weiter schwingt,

wenn wir schweigen.

Ménilmontant

Abends in den Straßen
Fête de la Musique

Tanzartig zogen wir
in die letzte Kneipe,
tranken viel zu süßen *punch*
und lachten.
Der Wirt grüßte zum Schluss
mit einem freundlichen Wort -

kurz ein Sicher,
ein Weiter -
wir wussten es -,
ein Weiter in diese Nacht hinein,
ein Noch-Weiter in uns!

Nicht zwanglos,
sondern zwangsläufig
griff die Suchhand dir
ins Seelenfleisch.

Später,
viel später
gemerkt:

nicht die Suchhand,
die Metzgerflosse
ist's gewesen.

Ich esse Brot.

Ich verlasse das Haus.

Ich gehe durch die Straßen.

Ich sitze im Café.
Die Leute ringsherum,
ich sehe sie an:

in jedem Gesicht
ein Stück Antwort.

Es war Frost da,
bevor der Winter kam.

Keiner sah den klirrenden Boten.

Die Leute hasten
Richtung Tram,
den Feierabend im Nacken,
der Zeit nacheilend.

Vergessenes
liegt zerstreut auf dem Asphalt
herum,

der Wind spielt leise damit.

Ohne Vorwurf bläst er es
durch die abendlichen Gassen.

Getreidebündel
Müllersfrau

Grüngebinde
Sommertraum

Phasengewässer
Sinneswandlung

From out of the Blue

The night is
over all.

Grey, white, black -
a play of colours.

The sea so deep,
the moon so bright.

The night lures
with their
intoxication of death:

I see
your eyes
in a brier
like two stars.

The dark sky
is silent,
when our souls
come together.

For a moment
everything without
power –
weightlessness of senses.

Ballungsgebiete im Gehirn.

Fremde setzen sich zu mir,
fragen nach unbekannten Wegen.

Der Fixstern –
ich habe ihn nie gesehen.

Meine Augen blicken nach innen
und pflügen die Vergangenheit.

Auch sie werden keine Antwort finden.

Der Abend ist vergangen.

Die Liebespaare
schrecken auseinander.

Und müde hält ein leiser Wind
die Banner in das Morgengrau'n.

Was bleibt

Mit dem Ikarus
rumpelten wir übers Kopfsteinpflaster
Richtung Wolzig.

Hieltest Du meine Hand?
Hielt ich Deine Hand?

Wir übernachteten in der Datsche Deiner Großeltern
am Storkower Kanal,
mückengeplagt.

Ein Gespräch mit Deiner Großmutter,
kittelschürzenbeschürzt,
mit obligatorischem Schnaps
in der Waschküche.

Nur Nachts kamen wir uns näher,
doch fanden nicht zusammen: einsam Zweisame

- und erzählten uns, warum wir nie richtig wurden,
was wir sind.

Kellerkinder

Gehst hinab,
in den Keller hinab.

Stufe um Stufe,
tiefer und tiefer
weht dir modrige Luft
entgegen.

Gehst durch verwinkelte Gänge,
Irrgärten gleich.

Da plötzlich
ein verängstigtes Kind
kauert im Dunkeln.

Geh hin!,
das bist du,

nimm es in den Arm,

führ' es hinauf

in dein Leben.

Moritz Wulf Lange

Dein Gesicht

leckgeschlagen
in der Drift.

Draggenworte fliegen -
vorbei,

der Magnetberg
zieht die Gedächtnis-Nägel heraus.

ubahn, sommer
morgens schon kondens
tropfen am fenster graffiti an der
rückenlehne abgeschabte
flecken: zigaretten rauchen
verboten und? zerkratzte
scheiben geräusche
im bahnhof bremsen wo
kommen die denn her und
diese gesichter gleich
wieder weg
nur
der geruch von schweiß
fährt mit bis
zur
endstation

verspielte nacht

das becken swingt beinah
klingt ein basston daneben das
alto dringt in die dritte oktave ein eine
synkopenreihe geführt vom
klavier langsam
kommen die trommeln durch
bongos und congas campari
auf den tischen eine zigarette
glüht in der ecke am tresen
lesen sie in den augen
der frauen schwache glut noch
ein glas auf den abend sie
sagen das ende an aufs
leere parkett keine zugabe
richtung ausgang
raus und
tür
zu

Ein letzter Rest
Berliner Mauer am Friedhof,
Ecke Bernauer. Abgelegt
zu den Toten von gestern,
»Gedenkstätte«. Was heißt
Erinnerung? An den Straßenecken
kann man sie sehen - kleine
Zementstückchen, handlich
im Geschenkformat, das Stück
fünf Mark, sechs,
wenn sie bunt sind.

Museum

gleich im foyer neben der kasse
schaut lenin mit bronzener miene
auf eine rakete (nachlaß westgruppe
späte rache alles museumsreif) - eine
marmor viktoria mit abgasfarbenen flügeln
und ohne hände kategorie luftgespinst
zwischen torgauer elbbrückenschrott
und dem rostigen kaiser
zählt die garderobiere am tresen
die löcher der holzwürmer

Die alten Gedichte
aus Jambenquadern sind schon längst
versunken und verfallen,
geblieben ist sprachgeröll
in den wortbrüchen
aufgelesen
mit lockerer zunge
in den redefluss geworfen -
silben ditschen dreimal auf
und sind verschwunden.

in der stadt in der city

alles voll mit bunten

bildermassenweise an die mauern

angeklebt kleine kinder grinsen

göttlich coca cola aus der wäsche

weiß gewaschen mit persil viel

glas viele banken sympathie

und

hier und da ein grün

blauer ball

platzt

am gitter eines

ritter

sport parkes

abends leuchtet bunter glitter bild

zeitung flitter

glitzer in den straßen nassgeschwitzte überall

flitzer flotte tele

funken alle schön zu

gekabelt ab

gewunken weg

MIR ZUM ZEICHEN, Bruder,
näh an den Mantel
die scharfgeschliffene Ohrmuschel:
Wir lauern Worten auf
auf ihrem flüchtigen Weg.

Eine dunkle Nacht.
Etwas beleuchtet den Weg -
es ist ein Irrlicht.

Das Kiefernwäldchen.
Hier und da Grundmauern
von Lagerbaracken.

Die Ausgangssperre.
Mit geschlossenen Augen
die Blumen sehen.

Die alte Brücke
führt ins Dunkel – im Wasser
leuchten die Sterne.

Sonnenuntergang.
Im Wolkenbrand Ascheflug
aus Vogelschwärmen.

Der einzige Baum
in der Straße – voll Blüten.
Ein Hund hebt das Bein.

Hartmannsweiler Kopf.
Laufgräben widerstehen
den Sommergräsern.

Das rostige Beil.
Im Garten blühen wieder
die weißen Rosen.

Wieder zu Hause.
Am Fenster ein Schmetterling,
starr und vertrocknet.

Die Autoren

Yven Augustin, geb. 1971, lebt als freier
PR-Redakteur, Autor und Fotograf in Berlin.

www.augustinpr.de

Moritz Wulf Lange, geb. 1971, lebt als freier
Autor in Hamburg.

www.moritz-wulf-lange.de